RÉFLEXIONS

SUR L'ALGÉRIE,

PARTICULIÈREMENT SUR LA

PROVINCE DE CONSTANTINE,

TYPOGRAPHIE DE FÉLIX MALTESTE ET Cᵉ,
Rue des Deux-Portes-Saint-Sauveur, 18.

RÉFLEXIONS
SUR L'ALGÉRIE,

PARTICULIÈREMENT SUR LA

PROVINCE DE CONSTANTINE,

SUR L'ORIGINE DE CETTE VILLE

ET LES BEYS QUI Y ONT RÉGNÉ DEPUIS L'AN DE L'ÉGIRE
1133 (1710) JUSQU'EN 1253 (1837);

PAR M. LE DOCTEUR BONNAFONT.

PARIS,

LIBRAIRIE DE LEDOYEN,

PALAIS-ROYAL, GALERIE D'ORLÉANS, N° 31.

1846

Les réflexions qu'on va lire n'avaient jamais été destinées à la publicité ; faites sur les lieux mêmes et pendant les loisirs que nous laissaient les expéditions nombreuses auxquelles nous avons pris part, nous les conservions comme un simple souvenir d'un pays dans l'avenir duquel nous avons une entière confiance. Mais au moment où la question de l'Algérie est devenue une cause nationale et qu'elle préoccupe tous les esprits, cédant aux instances de quelques amis, nous nous sommes décidé à payer à la cause de cette colonie le tribut de nos observations. Nous n'avons, certes, jamais eu la prétention de faire un livre et moins encore celle de donner des conseils. Notre unique ambition a été d'ajouter ces quelques idées à celles déjà si nombreuses, qui ont été publiées pour éclairer le jugement des hommes appelés à diriger le souverain pouvoir de ce pays. Heureux si notre but est atteint et si nous avons pu placer une modeste pierre à ce monument qui sera un jour la gloire de la France.

RÉFLEXIONS
SUR L'ALGÉRIE,

PARTICULIÈREMENT SUR LA

PROVINCE DE CONSTANTINE.

Nous étions depuis dix jours dans ces contrées qui limitent au sud-ouest la province de Constantine ; la colonne expéditionnaire avait déjà sillonné la plaine des Ouled-Amar, de Temclouka et de Merzouk-Khaal, où, pendant cette marche paisible et imposante au milieu d'un pays si longtemps ignoré des Européens, nous avions eu le temps de visiter les ruines de plusieurs cités que le peuple-roi y avait élevées ; ruines nombreuses qui restent comme les témoins les plus vrais de son ancienne splendeur. Nous avions parcouru les nombreux contours du Bou-Merzouk et exploré ses sources légèrement thermales où l'eau bouillonne comprimée sous les pierres provenant d'un établissement que les Romains y avaient construit. Trois lieues plus loin nos regards se reposèrent agréablement sur le marabout de Sidi-Habessi, remarquable par sa position pittoresque et plus encore par le séjour que le *bey Achmet* y fit durant dix-huit jours après la chute de son empire et la prise de sa capitale, sur laquelle pendant douze longues années il avait fait peser son redoutable despotisme.

En continuant dans le sud-est par une gorge étroite et rocailleuse, nous arrivâmes sur un plateau couvert des décombres de l'ancienne Buduxis, ville jadis célèbre par la correspondance de son évêque Gellius avec saint Augustin sur les dogmes de l'Église. Six lieues plus loin, après avoir franchi le Jbel-el-Coussa (montagne de la Cuisse), nous nous trouvâmes en face de la vieille Sigus, cette rivale et cependant toujours tributaire de l'orgueilleuse Cirta. L'esprit de progrès et de perfection dans les arts de cette époque reculée se traduit majestueusement par l'architecture de son temple aux vingt colonnes en marbre numide, moitié croulant sur des piédestaux ciselés et ornés de belles inscriptions qui ont résisté aux ravages des siècles et des conquérans plus destructeurs encore. Nous en admirâmes les caractères qui ont prévalu contre les siècles écoulés et qui, par leur fraîcheur, semblent appartenir aux temps les plus modernes. Nous étions campés depuis deux jours dans la belle vallée de Mersouk-Khaal; nous avions visité les ruines de Tiffech qui, placée sur le versant sud-est d'une montagne, domine en souveraine l'immense plaine qui s'étend jusqu'à la frontière de Tunis. Notre esprit, que tant de cités déchues transportaient au temps des grandeurs de Rome, s'impressionnait fortement en face de ces ruines : nous rêvions devant ces débris silencieux et si bien conservés des vainqueurs du monde. Calculant la puissance qu'il a fallu pour vaincre la solidité de ces murailles, notre pensée s'arrêtait aux efforts qu'elles ont dû opposer aux élémens destructeurs. Le silence qui régnait autour de nous ajoutait encore à notre émotion. L'ombre de ces grandes cités nous rappelait le temps où elles avaient existé et le rôle qu'elles avaient joué dans les destinées du monde. Quelles populations nombreuses ! Quelle puissance et quelle force de vie maintenant éteintes !... Nous comparions ces constructions grandioses et immobiles des temps anciens avec ces habitations flottantes et fragiles des temps actuels ! Entre ces deux conditions de l'espèce humaine, la distance est si incommensurable que la pensée ose à peine en rapprocher les limites. L'existence de l'homme compte si peu de jours, sa vie est si agitée, si fugitive, ses moyens sont si bornés, que l'on ne sait comment combler l'abîme de l'infini qui sépare en effet l'Arabe, espèce d'homme primitif, de l'homme de la citéreine, qui a porté si loin son génie guerrier et colonisateur. Il en est de l'observateur, en ce cas, comme de l'astronome qui, voulant s'assurer de la position d'une étoile, est effrayé par l'immensité de l'espace qui se présente à ses regards. De même celui qui contemple ces ruines voudrait pouvoir limiter sa pensée afin de mieux saisir tous les souvenirs qui se rattachent au cercle borné qu'il s'est tracé. Quand l'archéologue a décrit avec beaucoup de soin tous les objets qu'il a pu embrasser et qu'il a trouvé, en fouillant le sol, les débris d'un ancien édifice, il croit avoir assez fait ; mais pour l'homme qui s'est placé en philosophe en face des deux émotions que font naître et le présent et le passé, combien lui paraît étroit ce cercle matériel ! comme les descriptions en sont mesquines à côté de l'infini où la pensée aime à pénétrer et à se perdre ! Que me fait à moi de savoir qu'une telle ville a été construite par un tel, qu'elle possédait des colonnades d'ordre corinthien, ionique ou autre ! Ce que je voudrais apprendre et ce que personne ne peut me dire, c'est l'idée qui a présidé à cette construction ; ce que le fondateur s'est proposé dans l'élévation de tous ces monumens et pourquoi il existe un peuple spectateur de tant de merveilles, qui n'a pu ou qui n'a jamais voulu en tirer aucun profit pour ajouter à son bien-être en nourrissant le désir de se relever de l'état d'abjection et de barbarie où il est plongé. Lorsque l'Arabe, constant dans des principes que ses pères lui ont transmis, a résisté à l'influence victorieuse du peuple-roi par lequel lui ont été offerts tant de moyens de se rapprocher d'une vie plus stable et plus régulière ; quand cet Arabe a passé sans émotion pendant plus de mille ans devant ces créations imposantes de l'homme ; quand il a pu rester indifférent à tout ce que les Romains ont fait et exécuté devant lui ; lorsque le temple de Sigus, la citadelle de Tiffech, le pont de Constantine, l'enceinte de Milah, les citernes et le cirque de Russicata, et par dessus tout le théâtre et le superbe arc de triomphe de Jmilah n'ont réveillé dans l'ame engourdie de ce peuple stationnaire et indifférent aucun germe de progrès en faveur de ce que nous appelons civilisation ; lorsque, disons-nous, ces monumens n'ont pu rien obtenir sur l'esprit de la population nomade de l'Afrique, et qu'aucune idée de stabilité ne s'est fait remarquer parmi ces hommes sous le prestige de ces argumens irrécusables de ce que peut faire de grand et de beau l'homme réuni en société, ne doit-on pas désespérer de l'amélioration de cette race qui sacrifie tout à l'habitude de son égoïsme et à la manie de son indépendance individuelle ? Comment, d'ailleurs, se fait-il que les lumières aient cessé d'éclairer de si belles contrées et qu'aucun peuple ne se soit montré depuis tant de siècles sur cette terre si féconde jadis en illustrations ? sans doute il en est de la civilisation comme de la propagation des grandes vérités; sa marche est lente; elle a besoin pour franchir les obstacles que lui opposent l'ignorance, la barbarie et le despotisme des longues périodes du temps sans lesquelles elle ne peut rien accomplir; cependant, si peu actif que soit le mouvement, il existe. L'histoire nous apprend que l'esprit de perfection ne périt jamais entièrement et que toujours il se produit en avant, soit qu'il attaque de front les masses vacillantes, soit qu'il les instruise peu à peu pour mieux assurer le succès de son œuvre, ou qu'il se borne à miner sourdement les bases de l'édifice qu'il veut renverser et qui tombe enfin, entraînant dans sa chute les erreurs et les mauvais principes, ces fausses divinités dont le culte est si dangereux et si funeste aux progrès de l'état social. A ne juger les Arabes que selon les actes de leur vie collective, que penser de leur caractère et de leurs mœurs? Se conçoit-il qu'ils aient pu rester si complètement indifférens à l'influence que ces ruines de la puissance romaine devraient exercer sur leur esprit? Et n'est-ce pas une autre merveille que la vue de ce peuple qui depuis douze cents ans dresse sa tente au milieu de tant d'illustres souvenirs, sans avoir avancé d'un pas dans les voies du bien-être humain, et marqué le progrès du temps par aucune invention utile à sa constitution? Méritent-ils le nom d'hommes ces nomades dont les idées n'ont pu être ébranlées par la secousse des siècles et que n'ont point animés, ainsi que nous l'avons déjà dit, le spectacle imposant du temple de Sigus, de l'arc de triomphe de Jmilah et l'aspect du superbe amphithéâtre de Keft? Est-ce un peuple celui qui fonde sa force principale sur l'excès de son ignorance et qui professe la foi d'un fatalisme absolu? Est-ce un peuple celui qui ne sait rien constituer ni rien opposer à l'action destructive des élémens? Est-ce un peuple celui qui n'a jamais su organiser la propriété, la première de toutes les constitutions, celle sans laquelle il ne peut exister de civilisation réelle? Je le demande; devant tant de preuves d'une résistance barbare à tout développement intellectuel et qui date de plus de mille ans, peut-on compter sur un changement appréciable sous un rapport quelconque? L'effort, à notre avis, nous semble excéder l'omnipotence humaine. Nous ne pouvons en appeler pour cela qu'à la haute influence de la religion; car si jamais, et il faut espérer que ce temps n'est pas éloigné, la bannière de la victoire peut planer glorieuse et paisible sur ce pays, c'est la religion qui seule pourra heureusement terminer l'œuvre de la conquête en plantant son étendard au milieu des peuples conquis. Là, par la persuasion, la douce tolérance, et jamais par la force, elle déploiera tous ses moyens pour les ramener à notre loi et opérer ainsi la réforme morale sans laquelle la possession du pays avec les indigènes sera toujours insuffisante et incomplète, je n'ose dire impossible.

Il est vrai que pour faire de la propagande il est nécessaire, ce nous semble, de témoigner par des démonstrations qu'on a foi dans sa religion qu'on regarde comme bien supérieure à celle du peuple qu'on veut convertir. Si, comme nous le pensons, de pareilles conditions sont indispensables pour déplacer une religion par une autre, il faut convenir que les Français de notre époque sont bien peu propres à accomplir une pareille mission. Comment faire croire aux Arabes que la religion du Christ, que nous traitons sous leurs yeux avec tant d'indifférence quant aux démonstrations, est supérieure à celle de Mahomet, dont les Arabes sont si fanatiques? Nous le reconnaissons, c'est une affaire de temps; mais la France qui s'est imposé si glorieusement cette tâche doit l'accomplissement de sa noble mission aux exigences de l'humanité entière. Aussi bien le gouvernement paraît l'avoir compris. Déjà partout notre armée trace des routes où les appareils de la guerre seront bientôt remplacés par ceux plus pacifiques de la colonisation. Puissions-nous ainsi nous assurer à jamais un pays qui recèle tant d'élémens de prospérité et à qui nos arts promettent une si éclatante résurrection!

Une chose digne de remarque, c'est que des nombreuses et si importantes ruines qu'on rencontre dans la province de la Numidie, une seule ait été constamment réédifiée et habitée par les indigènes. C'est Constantine. Cette réflexion nous frappa et nous conduisit à faire les recherches qu'on va lire sur l'origine de cette ville.

L'origine de Constantine, comme celle de toutes les grandes villes de l'antiquité, est environnée d'épaisses ténèbres; elle remonte probablement aux temps les plus reculés. L'histoire n'en fait pas mention avant l'époque où, prenant le nom de Cirta, elle devint la capitale de la Numidie et la demeure des rois Juba, Syphax et Massinissa. Elle fut le siége d'une colonie romaine importante, connue sous le nom des Sittiens, parce que ceux qui la fondèrent avaient servi, pour la plus grande partie, sous les ordres de P. Sittius, d'où lui était venu aussi le nom de Sittiana. Plus tard César l'occupa et y fit faire de grands travaux ; elle ajouta alors à ses noms celui de Julia. Enfin Constantin l'ayant réédifiée, elle prit le nom de Constantine, le seul qu'elle porte aujourd'hui. C'est sous le nom de Constantine que saint Augustin parle de l'ancienne Cirta dans ses ouvrages. On retrouve ce nom consacré dans les actes de la conférence et dans les canons du concile tenu à Carthage en 397, où se trouvaient réunis 410 évêques ; continué en 411, le nombre des évêques qui y prirent part fut de 565, dont 286 évêques catholiques et 279 évêques donatistes. Tout le monde sait que c'est à Cirta que Jugurtha tua Adherbal, fils de Micipsa.

Un autre fait moins connu et qui ne mérite pas moins d'être rapporté aurait eu pour théâtre la même ville. Après avoir été vaincu par Scipion en Espagne, Asdrubal avait passé en Afrique pour solliciter les secours de Syphax, premier roi de la Numidie. Mais Scipion, qui voulait le prévenir, s'y rendit aussi de son côté. Tous deux se rencontrèrent à la cour du monarque africain Syphax, qui les reçut l'un et l'autre avec une égale bienveillance ; il les fit asseoir à la même table, et la nuit les deux illustres généraux couchèrent sur le même lit, le seul, dit-on, que le roi pouvait leur offrir. Constantine posséda de bonne heure un évêché, dont il est question dans la légende épiscopale d'Afrique, sous le nom de *Tiriensis Episcopus*. Petilien Donatien, contre lequel a écrit saint Augustin, occupa ce siége pendant quinze ans.

Au nombre des épithètes fastueuses que rechercha l'orgueil de l'empereur Justinien, figurait celle de fondateur de Constantine. Il est juste de dire qu'il s'occupa beaucoup de l'embellissement de la ville; il l'avait dotée, entre autres monumens utiles, d'un superbe aqueduc dont il reste de belles ruines sur le Rummel, et qui, à cette époque, servait à transporter l'eau à Constantine en passant par Coudiat-Aty. Quelques historiens du pays, sur la foi d'un ouvrage attribué au sultan Fandil, ont écrit que Constantine avait eu pour premier fondateur un aventurier grec de naissance, qui, s'étant rendu maître du pays et voulant y perpétuer sa domination, aurait bâti la ville en lui donnant pour assiette une île de rochers que leur élévation et la largeur des vallées escarpées contribuaient doublement à rendre inexpugnable. D'après les mêmes auteurs, la ville aurait existé longtemps avant l'arrivée des Romains; ceux-ci l'auraient seulement fortifiée avec un art infini, afin que les abords en devinssent absolument impossibles à tout ennemi qui aurait eu le dessein de s'en emparer. Ils avaient, pour ce motif, rendu cette ville la principale de leur établissement dans la province. D'autres savans du pays ont prétendu que dans le principe la ville portait le nom de Kessar-Tina, ce qui en turc veut dire château-fort; qu'à ce nom avait été substitué celui de Constantine parce que la désinence était la même et pour complaire à un sultan ou à une sultane qui régnait dans ces temps éloignés. Selon une dernière version, ce serait un empereur romain dont la fille était ainsi nommée et qui par amour pour elle aurait voulu éterniser sa mémoire en attachant son nom à la ville dont la conquête occupait alors toutes les bouches de la renommée. Mais ces diverses opinions sont plus divergentes dans la forme qu'elles ne sont opposées au fond. Il faut faire la part de la manière de s'exprimer tout orientale des écrivains; sous ce point de vue il ne paraîtrait pas invraisemblable que la fille du sultan auquel on a entendu faire allusion ne fût autre que la ville de Constantine et que le sultan dont il est question ne fût l'empereur Constantin lui-même. Personne n'ignore d'abord qu'en arabe ce mot de sultan signifie roi, empereur, puissant. Ce que l'on pourrait presque affirmer, c'est que Constantine n'a point été fondée par les Romains; pour qui connaît l'aversion des Arabes envers tout ce qui leur est venu du peuple-roi, rien ne doit paraître mieux établi. N'est-il pas étonnant que pendant que tant d'autres cités ne témoignent plus leur existence que par des amas de pierres abandonnées et éparses, la vieille Cirta seule semble défier par sa fierté toute musulmane les débris de l'ancienne puissance que la religion du Christ, sa rivale, y avait élevés? N'est-ce pas là un indice presque certain de l'origine de la ville de Constantine, et les Arabes l'auraient-ils préférée entre tant d'autres si elle n'eût été l'œuvre de leur création? Pourquoi n'auraient-ils pas fait choix de Tiffech et de Sigus, villes jadis aussi importantes que Cirta et situées dans un

2

pays non moins beau et bien autrement fertile? Mais ils n'auraient trouvé là que des traces de l'ancienne puissance romaine, et ils auraient craint de se souiller par un contact qu'ils considéraient comme impur. D'une fidélité désespérante à leurs idées d'immobilité morale, ils n'ont voulu rien recevoir du peuple vainqueur : ni les mœurs, ni les usages, ni les arts, ni la civilisation, ni les villes, ni les monumens. On pourrait dire de Constantine, par les transformations qu'elle a subies et qui sont attestées par ses ruines si nombreuses et si variées, que cette ville a servi de champ de bataille à la lutte qui dure depuis des siècles entre l'esprit d'ignorance et l'esprit de lumière, entre la barbarie et la civilisation. Cette lutte, qui semblait terminée en faveur des enfans d'Islam, vient de recommencer par l'intervention de la France en Afrique. Et cette fois, du moins il faut l'espérer, le triomphe paraît devoir profiter à la noble cause de l'humanité et du progrès. Honneur et gloire donc à la France qui a de nouveau engagé ce combat dont les résultats sont étroitement liés à l'émancipation intellectuelle !... Il ne suffisait pas qu'elle eût fait disparaître de la terre conquise la piraterie et les indignes forbans qui infestaient la Méditerranée. Une plus vaste et plus importante mission lui est réservée, et dont l'accomplissement sera une des plus grandes gloires de l'esprit de notre époque; c'est celle de la régénération de l'Afrique, cette terre classique de nos croisades religieuses. Gloire et honneur à la généreuse nation qui de tout temps a été le soutien des droits humanitaires et la protectrice des religions. Graces soient rendues au prince de l'illustre race de saint Louis qui deux fois a payé avec tant de courage sa dette de glorieux dévouement sous les murs de la vieille Cirta ! Ils sont tombés ces remparts derrière lesquels s'abritaient les dernières espérances du fanatisme ; ils sont tombés pour ne se relever jamais. Planté après des efforts inouïs et scellé par le sang de nos braves sur le haut des minarets de la vieille Cirta, le drapeau tricolore planera sur toutes ces peuplades comme un symbole de paix, de justice, de protection et de liberté. Les deux centres principaux d'où jailliront les rayons de lumière que le peuple vainqueur voudra propager dans le pays devront, afin d'éviter la confusion, jouer chacun le rôle que leur position géographique et topographique semble leur avoir départi. Alger restera sans aucun doute la capitale de notre établissement. Sa position au bord de la mer et sa proximité des côtes de la France lui garantissent cet avantage sur toutes les autres villes de l'Algérie. Comme son nom l'indique, elle sera toujours la ville forte, la ville guerrière ; c'est elle qui conservera le dépôt des magasins militaires ; ce sera de ses murs que partiront les armes de toute sorte et les munitions de toute nature qui devront être expédiées à nos soldats, soit pour attaquer, soit pour se défendre.

Constantine, au contraire, placée au milieu des terres et entourée d'une population plus sociable et plus instruite que celle des autres provinces, deviendra ce qu'elle était jadis, la ville des sciences, des arts et de la religion. C'est là, à n'en pas douter, que devront se débattre les hautes questions d'intérêt commun qui auront pour but la fusion des deux peuples sous la même législation; et à fur et mesure que la France dotera l'Algérie de nouvelles institutions que le progrès aura rendues nécessaires, c'est à Constantine qu'elles devront d'abord être mises à exécution; car cette ville, à cause de l'influence immense qu'elle a exercée de tout temps sur les populations les plus éloignées, ne peut manquer de devenir le centre principal de la conquête morale des indigènes par l'influence de nos institutions. Quant à la province d'Oran, nous pensons qu'elle sera pour la France ce que la Mauritanie Césarienne fut sous la domination des Romains et des Wendales, c'est-à-dire la moins productive, la plus difficile à gouverner, et la dernière à se soumettre à nos institutions.

Le caractère arabe ne saurait être défini d'après les règles qui appartiennent au caractère européen. C'est une vérité d'observation qu'on a peut-être trop négligée et qui cependant donnerait le secret de bien des mécomptes, en même temps qu'elle expliquerait assez bien, à notre avis, l'insuccès des divers essais de colonisation qui ont été tentés jusqu'ici. Nous regardons comme démontré qu'on n'obtiendra jamais rien des Arabes si avant tout on ne s'attache pas à les façonner à l'esprit de sociabilité pour lequel ils éprouvent une répugnance presque invincible. Habitués qu'ils sont à vivre dans l'affranchissement de toute espèce de lien, ils ne peuvent supporter aucune obligation de dépendance; le seul joug sous lequel ils courbent la tête est celui de la nécessité. Si par hasard ils cessent de pouvoir se suffire à eux-mêmes, ils ont recours à la force pour se procurer ce qui peut leur convenir, et c'est alors qu'il devient facile d'apprécier et de saisir en effet tous les vices de leur mauvais naturel. Suivez les mouvemens de ces hommes parfois courageux et toujours cruels, et voyez-les s'avancer et agir. Si les adversaires auxquels ils s'adressent sont moins puissans et plus faibles qu'eux, ils ne demandent pas, ils exigent et ils prennent. Malheur à ceux qui oseraient en ce cas leur opposer de la résistance! Au contraire, si la fortune leur a fait rencontrer des ennemis en état de se défendre avec avantage contre leurs coups, comme ils sont humbles! écoutez: ils ne menacent pas, ils prient; leur voix est celle du servilisme porté à un degré qui peut à peine se concevoir. L'Arabe a une double face et un double langage; autant il est superbe et vain quand le triomphe ne lui paraît pas douteux, autant il se montre bas et rampant quand il croit toucher au danger d'une défaite. Il fait briller le fer et donne la mort sans hésitation dans le premier cas; mais dans le second il ne marche même pas, il se traîne baisant les pieds en implorant l'humanité et la pitié de son adversaire (1).

(1) Quelques personnes trouveront peut-être notre jugement, sur les

L'Arabe semble occuper une place exceptionnelle dans l'échelle des êtres humains; on doit croire qu'il n'éprouve aucun désir d'introduire le moindre perfectionnement dans ses mœurs, et que son unique vœu est de vivre ainsi et de la même manière qu'il a toujours vécu. Il a été pendant trop de siècles ignorant et barbare pour qu'on puisse aisément admettre qu'il consentira à être autre chose, et à se flatter pour lui d'un meilleur avenir. L'Arabe est pareil à un enfant rebelle dont la correction est abandonnée à l'influence des années. Trop incapable de briser par ses propres forces les liens du fanatisme qui l'enlacent pour qu'il puisse sortir de l'état d'engourdissement invétéré où il est né et où il aspire à mourir, il lui faut un secours que le temps, ce puissant auxiliaire de toutes les réformes humaines, peut seul produire. Mais ce qu'il importe par dessus tout, c'est la volonté persévérante d'un peuple qui se dévouera à l'œuvre de sa régénération et s'imposera la loi de ramener les Arabes à la raison par de nouvelles institutions; et la France, qui s'est déjà acquis des droits immortels à la reconnaissance de toutes les nations en faisant disparaître à jamais la piraterie des plages algériennes, saura persévérer assez de temps pour terminer l'œuvre si glorieusement commencée. Pourquoi,

Arabes, trop sévère et un peu exagéré. Nous croyons que l'Arabe en gé-néral est bien tel que nous venons de le dépeindre, et si nous n'avions par devers nous des milliers d'actes dont nous avons été témoins, nous ap-puierions notre conviction sur le genre de mort des beys qu'on trouvera à la fin de cette notice et auquel, pour son édification, nous renvoyons le lecteur.

si les moyens mis par nous en usage jusqu'à ce jour auprès des Arabes n'avaient eu aucun résultat pour soumettre à nos mœurs et à nos principes ces hommes que nous disons vaincus, mais qui, comme les têtes de l'hydre de la fable, surgissent chaque fois de tous les points que nous occupons, pourquoi donc tarderions-nous davantage à reconnaître que nous avons été dans l'erreur sur la route que nous devions suivre? Loin de moi l'intention de jeter la moindre défaveur sur les motifs qui ont pu diriger dans ces actes le souverain pouvoir de l'Algérie; mais il me sera permis de dire, qu'en général nous avons encouru les reproches d'avoir agi avec trop de philantropie et de douceur (1). Ces moyens ter-mes dont se sert un professeur pour ramener dans la bonne voie un élève qui s'en est momentanément écarté, doivent être proscrits comme désormais reconnus stériles envers les Arabes. C'est un malheur que nous devons tous déplorer, mais ce n'est cependant que l'expression de la vérité. Après seize années d'essais presque infructueux,

(1) Si quelques arabophiles veulent opposer, à cette doctrine, les quelques actes de rigueur commis envers les Arabes, nous répondrons que ce sont de ces épisodes malheureux, sans doute, que la guerre autorise, et qui doivent trouver leur justification dans les piéges auxquels les Arabes ont attiré tant de fois nos soldats en trompant la loyauté de nos officiers. Qui ne conserve un douloureux souvenir du guet-apens de Bougie en 1831, où un commandant fut si lâchement assassiné; de celui de Medjezamar, en 1838, où cinquante hommes tombèrent sous le fer de ceux-là mêmes qui les avaient conviés à venir chez eux, et de tant d'autres que nous laissons pour ne parler que de celui où quatre cents de nos braves ont été, l'année dernière, horriblement massacrés?

nous avons pu nous convaincre que le système qui a été mis en application, loin d'amener une réforme sociale parmi ces peuples indociles, a compliqué les données du problème et a éloigné de sa solution. Sachons enfin adopter un système définitif; car il faut bien se persuader que ce qu'il y a de plus contraire à la prospérité d'une colonie, c'est le changement du mode de l'administrer. Cette manière de procéder a le double inconvénient d'affaiblir la confiance du pays et d'augmenter celle de l'ennemi, qui, instruit de tout ce qui se passe, soit par les journaux, soit par des correspondances particulières (et il en a beaucoup), y trouve un aliment très favorable à sa cause.

La question de l'Algérie a fait pourtant de grands progrès en France depuis quelques années, comme on peut en juger par ce qui se passe aux chambres et dans toutes les conversations particulières. Il y a peu de temps, on mettait encore en question l'occupation restreinte ou l'abandon de l'Algérie; aujourd'hui il n'y a plus un Français qui voulût prononcer l'évacuation de notre belle conquête pour laquelle la France a fait déjà tant de sacrifices. C'est là un progrès réel et qu'il est important de bien constater. Les changemens qui se sont opérés en Algérie, depuis quelques années surtout, méritent bien les suffrages de l'opinion publique. Il faut être arrivé dans ce pays en 1830 pour juger toutes les phases de progrès qu'il a subies. C'est en établissant des points de comparaison qu'il n'est pas possible de mettre en doute les efforts qu'armée et colons ont dû faire pour opérer une pareille transformation. J'entends tous les jours répéter que les anciens conquérans de l'Afrique ont fait des choses magnifiques et que nous ne serons jamais capables de les imiter. On peut répondre que les Romains ont dominé ce pays pendant dix siècles, que nous n'y sommes que depuis quinze ans, et qu'il est fort douteux que les vainqueurs du monde eussent fait plus que nous dans le même laps de temps. Mais il ne faut pas se dissimuler que la domination de l'Algérie a été et est encore une œuvre longue et difficile; car outre la résistance opiniâtre des Arabes, il faut encore lutter contre un ennemi non moins redoutable, qui est l'influence du climat.

Mais s'il y a unanimité pour la conservation de ce pays, il n'en est pas de même à l'égard du système à suivre pour son occupation. Faut-il qu'elle soit restreinte ou illimitée? Voilà les deux points essentiels qui divisent les esprits et qui servent d'argument à toutes les discussions qui ont lieu sur l'Algérie. Par possession restreinte il ne faut plus comprendre l'occupation seulement du littoral, comme on le voulait autrefois (et c'est là encore un second progrès qu'il faut signaler), mais bien celle qui consisterait dans la division du pays en zones plus ou moins étendues, mais limitées, et surtout bien défendues, au milieu desquelles l'exploitation agricole pourrait se faire sans craindre aucune invasion de la part de l'ennemi. Ces deux systèmes, dont l'origine remonte aux premières années de l'occupation, dérivent d'un principe sur lequel les hommes, même ceux qui ont longtemps habité l'Algérie, sont loin d'être d'accord. Ce principe est celui qui s'appuie sur l'opinion que nous avons déjà indiquée. Les uns pensent que les Arabes sont susceptibles de se façonner à nos institutions et de devenir, à la religion près, des citoyens français. Les autres, et ce sont les plus nombreux, sont convaincus, au contraire, de l'impossibilité d'opérer une pareille fusion, et que les progrès de la colonie devront se faire sans leur participation, au moins directe. Telles sont les deux opinions qui divisent les esprits en deux camps opposés et bien enclins à prolonger la lutte si le gouvernement n'y met un terme en adoptant celle qui lui paraîtra préférable aux progrès de la colonie. Quant à nous, nous pensons que le temps est venu de prendre une détermination, et, dussions-nous revenir sur nos pas, il vaudrait peut-être mieux le faire maintenant plutôt que d'attendre que des circonstances plus impérieuses nous y obligent plus tard. Mais une fois le système arrêté, tâchons que les jours soient tous habilement employés dans l'intérêt du grand œuvre et de la colonisation de l'Algérie. Mettons en rapport toutes les expériences faites pour dompter la classe indigène, et, après en avoir analysé et exprimé en quelque sorte ce qu'elle a de bon ou de mauvais, décidons-nous pour un plan de conduite auquel il ne pourra plus être apporté aucun changement. Nous dirons tout ce que nous pensons à l'égard des Arabes; assurément nous avons besoin de beaucoup d'indulgence, et nous osons espérer qu'elle ne nous fera pas défaut en faveur des motifs qui nous animent. Nous croyons devoir à notre pays la révélation de ce que nous avons pu saisir du caractère des Arabes pendant le long séjours que nous avons fait en Algérie. Nous croyons servir la cause de nos compatriotes, devenus colons africains, en rendant compte de nos impressions particulières et en publiant les observations que nous avons recueillies à la suite des expéditions nombreuses auxquelles nous avons pris part et qui nous ont mis en mesure de parcourir toutes les provinces de l'ancienne régence. Eh bien! nous n'hésitons pas à faire cette profession de foi patente et sincère, profession de foi dégagée de tout intérêt personnel: c'est qu'en l'état actuel des choses, avec les usages, les mœurs et les préjugés enracinés des divers habitans du sol que nous avons conquis, nous avons beaucoup à redouter et très peu à espérer. Cette classe d'hommes ne veut entendre parler à aucun prix du bienfait de nos institutions; si parfois quelques-uns d'entr'eux ont cherché à avoir des relations avec les Français, ils n'y ont jamais été conduits que par la crainte ou par l'appât d'un bénéfice pécuniaire, et jamais ils n'ont eu pour mobile le désir d'une alliance réelle. Ils ont toujours accepté comme une marque de faiblesse ou d'impuissance nos moyens conciliateurs et nos prévenances. Ne cessons donc jamais de nous montrer devant eux le front ceint de la couronne de la toute-puissance; contentons-nous du rôle que nous nous sommes créé par la victoire; que l'image de notre force apparaisse aux regards des Arabes dans tous les sens et sous toutes les formes; pour le surplus, attendons avec patience et résignation; laissons-les eux-mêmes venir implorer notre protection. Du moment où, les tenant ainsi à distance de nous, ils s'apercevront que nous avons résolu de ne nous occuper d'eux que pour repousser par des barrières de fer leurs tentatives d'invasion et leurs attaques, l'esprit de désordre ne peut manquer de fermenter parmi les tribus, et de leur désunion il naîtra pour nous infailliblement un nouvel ordre de choses. Les faibles, se rappelant la justice et la sincérité qui président aux décisions de notre gouvernement, en reconnaîtront mieux les avantages et seront plus disposés à se soumettre aux conditions de notre protection. Nous interviendrons pour les défendre chaque fois que les circonstances l'exigeront; mais nous devrons leur dicter des lois qu'ils seront obligés de suivre. Alors commencera véritablement l'ère de la colonisation française en Afrique et de la régénération de ce pays. Nous avons su emporter d'assaut la ville d'Alger et celle de Constantine; mais, pour la gloire de nos gouverneurs et de notre nation, nous avons, oui, nous avons un autre siége à faire qui est d'une nature bien plus difficile, mais d'où dépend l'avenir de notre établissement. Pour celui-ci il n'est pas nécessaire d'avoir recours à l'artillerie; ce qu'il nous faut, c'est une grande fermeté de caractère retranchée derrière des institutions sagement élaborées et surtout bien appropriées au caractère des indigènes. La colonisation ou la fusion des Français avec les indigènes est un rêve que personne ne fait même plus en Algérie ; on y est convaincu que le mélange de deux populations, si opposées et si disparates par les besoins et les sentimens, ne saurait jamais être réalisé. Toujours il surgirait d'une pareille combinaison, à des époques indéterminées, des événemens qui en rendraient les résultats très inconstans et les insuccès presque inévitables.

Quel est le but que doit se proposer un gouvernement dans l'établissement d'une nouvelle colonie ? de verser sur ce pays un excédant de sa population au cas où il en serait surchargé et où elle commencerait à lui paraître gênante ; créer des débouchés à son industrie par l'écoulement des produits métropolitains qui sont vendus ou échangés avec les produits du pays colonisé ; établir des points militaires propres à accroître sa puissance et augmenter son influence politique : tels sont, suivant nous, les avantages principaux qui doivent, dans cette situation, déterminer le gouvernement. Quoique la population en France ne soit pas encore arrivée à ce point que le sol devienne insuffisant pour la nourrir, il est vrai cependant que son augmentation progressive depuis quelques années peut donner à le craindre et que le gouvernement a le devoir de se préoccuper de cette possibilité ; il importe à l'intérêt de tous qu'il aille au devant d'un mal qui, dans tout pays, et dans le nôtre surtout, amènerait les événemens les plus désastreux ; les enseignemens du passé doivent entrer pour beaucoup dans les raisons que nos gouverneurs auront de se décider.

L'Algérie placée aux portes de la France se trouve, au point de vue de sa proximité, dans la situation la plus favorable ; être, en effet, en Afrique, c'est être, pour ainsi dire, sur le sol français, et la perspective d'un exil lointain n'existe pas à proprement parler à l'égard de ceux de nos compatriotes qui seraient conviés à venir chercher sur ce sol neuf et vierge les ressources qui leur manquent au milieu de nous. Pour aider à l'émigration, le gouvernement n'a qu'à choisir un point du pays où l'exploitation agricole devra commencer. Les colons ne manqueront point à la colonisation ; seulement si l'autorité a le droit d'obliger les populations à cultiver, elle aura avant tout le devoir de prendre à sa charge particulière les travaux d'assainissement aussi bien que la prescription de toutes les mesures ayant pour objet la sécurité extérieure.

La sécurité ne peut être maintenue que par le moyen des armes, l'assainissement obtenu qu'à l'aide d'un nombreux concours de travailleurs agissant sous la direction d'un conseil supérieur qui statuerait sur le mode et la nature des travaux à effectuer. Comme cet objet est de la plus haute importance, puisqu'il s'agit de rendre le pays salubre en produisant le moins de malades possible, il serait utile, suivant nous, de confier à la direction de ce conseil, auquel seraient adjoints quelques médecins qui auraient plus spécialement étudié la question de salubrité de ce pays, tous les travaux d'assainissement ainsi que le choix des lieux pour l'installation des villes et des villages.

Nous touchons maintenant à une autre difficulté : serait-il plus avantageux pour le gouvernement colonisateur d'occuper le pays sur une grande échelle avant d'autoriser les prescriptions agricoles , ou bien serait-il plus convenable de limiter notre occupation et de borner les essais à un seul point préalablement choisi et jugé le plus propre aux cultures qu'on aurait l'intention d'introduire ? Nous examinerons aussi cette question ; mais nous croyons devoir d'abord soumettre quelques observations préliminaires : nous l'avons dit déjà ; il n'en est pas du peuple arabe comme d'un peuple de l'Europe. Chaque tribu formant parmi les indigènes un corps particulier et distinct, il existe une foule d'états dans l'état, si ce dernier mot même peut être employé. Les Arabes sont semblables par le genre, mais ils varient à l'infini dans les espèces. La population des villes n'a rien de commun avec la population de la plaine et celle-ci se distingue encore beaucoup de celle qui habite la montagne ; pour emprunter une expression célèbre , on pourrait dire avec raison de ce peuple qu'il a une *circonférence* et n'a pas de centre. Il est véritablement insaisissable comme peuple ; on ne saurait donc se flatter de l'atteindre par une victoire décisive dont le résultat entraînerait la pacification du pays. Il ne faut rien espérer sans la sécurité indispensable aux travaux agricoles, et plus large sera le cercle de nos opérations militaires, plus grand sera celui des moyens protecteurs que le gouvernement devra déployer pour vaincre les obstacles que nous aurons à surmonter. L'exemple de nos quinze années de possession nous donne trop le droit de tenir ce langage pour que nous puissions redouter de n'être pas crus dans notre affirmation.

Le système qui voudrait l'établissement d'une force française dans tous les points occupés par les indigènes ne saurait être pratiqué longtemps; car les résultats les plus certains seraient des pertes sans profit pour l'armée et des dépenses excessives pour le trésor. Toutefois, si nous étions appelés à rendre notre pensée nous nous permettrions de la résumer de la manière suivante : 1° Faire peser la force et la puissance de nos armes partout où besoin sera, puisque la force peut seule en *imposer* à ce peuple ; 2° tracer ensuite, autant que les circonstances le permettront, les limites de notre occupation dans les trois provinces, et les défendre par une combinaison de moyens que nous laissons aux personnes plus compétentes que nous le soin de diriger ; 3° placer sur plusieurs points une colonne mobile destinée à se transporter partout où l'ennemi ferait quelques tentatives d'invasion ; 4° s'assurer de tous les points du littoral afin d'enlever aux Arabes la possibilité de recevoir par la voie de la mer les secours dont ils auraient besoin; 5° choisir quelques points pour en faire le centre de la culture des terres et se décider en faveur de ceux qui offriront le plus de chances de prospérité (1).

Nous terminons par quelques considérations hygiéniques qui, dans l'état actuel des choses, ne seront pas sans offrir un certain intérêt.

Le principe fondamental de toute colonie, occupée militairement, est la conservation du corps d'armée qui la protége ; le principe fondamental d'une colonie desti-

(1) C'est encore une question que celle de savoir si la colonisation du sol de l'Algérie est possible, si elle l'est dans le sens le plus parfait ou si l'on doit la réduire à un certain nombre de produits seulement. Sur cette question, la plus simple du monde, nous n'avons, quant à présent, aucune donnée positive. Je sais qu'on peut prétendre qu'il a été obtenu de l'indigo ainsi que du coton et de la canne à sucre ; on peut dire que le mûrier et l'olivier ont été remarqués comme atteignant à de grandes dimensions. Mais les expériences dont on a parlé ne paraissent ni souveraines ni décisives ; tous les essais ont eu pour théâtre unique, en effet, le massif d'Alger. Or en ce qui regarde l'indigo, le coton et la canne à sucre, il a été vérifié qu'ils n'étaient pas d'une qualité supérieure, bien que l'on ait apporté cependant le plus de soin dans l'exposition des terrains et dans le choix des sujets. Pour l'olivier et le mûrier, personne ne saurait contester leur supériorité marquée sur ceux de France ; mais le massif d'Alger, quoiqu'offrant une échelle assez grande à la culture, ne doit pas être choisi pour les grands essais agricoles qu'on voudra introduire dans ce pays : le sol y est trop accidenté ; les ravins trop profonds et trop multipliés; les expositions trop variées et trop abritées de tous les vents pour en tirer aucune conclusion d'un fait particulier. Il est impossible que le cultivateur ne trouve pas dans une pareille disposition une localité quelconque d'une nature favorable à tel genre de culture qu'il voudra obtenir: telle

née à devenir un point de centre pour le commerce et la spéculation doit être aussi la conservation de la santé des colons appelés à enrichir le sol de leurs travaux. Ce double but est celui que cherchent à atteindre le législateur, l'homme de guerre et le savant, chacun suivant les progressions relatives. Loin de nous la pensée de former des systèmes. Nous dirons avec franchise tout ce que nous croyons bon, appuyant nos propositions de notre propre expérience et nous prions le lecteur de se souvenir que le bien marche souvent à côté du mal.

Une observation constante a démontré que les affections morbides, endémiques dans les contrées insalubres, sévissent avec moins de force sur les indigènes que sur les habitans étrangers nouvellement transplantés; il est

surface regardant le nord est abritée des vents brûlans du sud; telle autre tournée au midi est protégée contre les vents frais du nord; d'autres regardent le levant et le couchant, et enfin d'autres affectent des directions intermédiaires et sont légèrement influencées par tous les vents. On conçoit alors que sur un sol si diversement exposé on puisse y faire prospérer des produits qui ne sortiraient pas du sol mère de la terre s'ils étaient placés dans des conditions difficiles. C'est sur la plaine de la *Mitidjah* qu'il faudrait, après en avoir assaini un espace donné, porter les grands travaux de culture. C'est là que le jardin d'essai devrait être transporté, cette plaine étant le point de mire de tous les agriculteurs et l'endroit où les colons ont placé leurs plus belles espérances. C'est pour son exploitation que quelques sociétés ont été formées et que d'autres se formeront encore. La plaine de la *Mitidjah* est connue en France sous des rapports trop publics et trop avantageux, à part son insalubrité, pour que le gouvernement ne se regarde pas comme obligé de la prendre pour première base des grands travaux de colonisation.

aussi démontré que, dans ce cas, les derniers périssent en grand nombre, tandis que les indigènes sont à peine affectés. Ce phénomène ne peut dépendre que de l'habitude qui a rendu les organes des personnes acclimatées pour ainsi dire inaccessibles à l'action des miasmes délétères. Les étrangers, au contraire, sont d'autant plus rapidement et plus violemment affectés, que le climat d'où ils sortent est moins analogue à celui du pays qu'ils viennent habiter ; aussi la nouvelle population de l'Algérie, qui vient en grande partie du Nord de l'Europe, a-t-elle plus à craindre de l'influence de ce climat et des émanations de la plaine, que les personnes du Midi, habituées à vivre sous un ciel qui diffère moins que celui du Nord du climat de l'ancienne régence.

S'il faut donc à l'économie un espace de temps plus ou moins long pour qu'elle puisse acquérir les dispositions organiques qui, en la rendant semblable à celle des indigènes, permettront à l'étranger de vivre avec sécurité dans les contrées insalubres, celui-ci devra prendre d'autant plus de précautions, qu'il arrive d'un climat moins analogue à celui de la contrée qu'il voudra habiter.

Or il n'y a qu'un pas de cette donnée à la solution d'une question qui intéresse particulièrement l'armée et le gouvernement et dont les conséquences seraient : 1° de diminuer considérablement les chances des maladies dans l'armée ; 2° de produire une grande économie à l'état en réduisant le nombre des journées d'hôpital ; 3° de conserver un plus grand nombre d'hommes valides sous les armes.

Et d'abord il faut, pour atteindre le premier but, il faut constamment une armée acclimatée qui sera, par conséquent, moins sensible à l'action des influences atmosphériques. Il importe alors de ne pas changer aussi souvent les régimens ; car si les principes que nous venons d'exposer sont vrais, on trouvera naturellement dans ce roulement continuel des troupes les causes incessantes des maladies qui les déciment. En effet à peine nos soldats commencent-ils à être acclimatés, qu'ils sont remplacés par des troupes neuves, venant de France et portant avec elles cette susceptibilité organique qui les expose à toutes les maladies dont étaient à peine affranchis ceux qui les ont précédés.

S'il est impossible de former un corps d'armée sédentaire assez considérable pour suffire aux besoins du pays, il serait avantageux peut-être de constituer dans chaque province un corps de troupe, auquel on donnerait le nom de légion d'Alger, d'Oran, de Constantine, etc., etc., suivant les localités où elle ferait le service, affectée spécialement à la province où elle aurait été formée (1). Ces légions se recruteraient de volontaires pris dans les régimens désignés pour rentrer en France ; lesquels offriraient, on le conçoit, les garanties d'acclimatement

(1) Cette idée n'est pas nouvelle. Nous l'avons déjà émise dans la *Géographie médicale du climat d'Alger*, que nous avons publiée en 1839.

qu'on ne saurait trouver ailleurs. Ces légions, dont le nombre et la force seraient calculés suivant les besoins de chaque localité, pourraient être employées de préférence à la défense du pays et, conjointement avec les colons ou avec les Arabes, aux travaux, soit de défrichement, soit de fortifications, de dessèchement ou autres, qui feraient entrevoir pour la santé d'individus non acclimatés des influences climatériques plus ou moins funestes. Mais par cela même que ces corps auraient la plus rude part dans les travaux de la colonie, il faudrait leur accorder des avantages capables d'encourager officiers et soldats à y rester et à les supporter.

La formation de pareils corps diminuerait beaucoup les embarras et surtout les frais dont le gouvernement est chargé au départ et à l'arrivée des régimens. Ces milices localisées épargneraient à l'état des dépenses accessoires, et pour ne parler que des avantages matériels qu'elles pourraient procurer aux différens points sur lesquels elles feraient le service, ces milices, devenues indigènes, protègeraient les colons et les propriétés, et parviendraient sans doute à inspirer aux propriétaires assez de confiance pour les déterminer à défricher et à coloniser des lieux qui restent incultes.

Utilité et améliorations pour l'armée et le colon, tels sont les deux mobiles qui nous ont engagé à émettre ce projet.

Nous aurions voulu dire quelques mots sur le refoulement des Arabes et faire ressortir ses avantages tant pour la prospérité des travaux agricoles que pour le commerce des colons. Mais cette question d'un intérêt si majeur aurait besoin d'un développement qui ne saurait trouver place dans une notice comme celle-ci ; pour ne pas la laisser cependant dans un silence absolu, nous la résumerons dans les propositions suivantes :

1° La colonisation par le mélange des indigènes et des Européens doit être considérée comme impossible.

2° Les besoins des indigènes étant bien moins nombreux que ceux des Européens, ceux-ci ne pourront jamais soutenir la concurrence dans la vente de leurs produits.

3° Comme la prospérité de la colonie tient au nombre de colons européens qui viendront s'y établir, le gouvernement a tout intérêt à favoriser et à encourager par des primes ceux qui se seront fait remarquer par leur zèle et la qualité de leurs récoltes, de quelque nature qu'elles soient.

4° Comme l'Européen a des besoins qui l'obligent à déverser dans le commerce une grande partie de l'argent que ses denrées lui auront rapporté, on ne devra pas craindre de payer un peu plus cher à lui qu'à l'Arabe qui enfouit le numéraire au fur et à mesure qu'il le reçoit. Personne n'ignore les sommes énormes qui ont été ainsi détournées de la circulation et entièrement perdues pour le commerce depuis 1830.

5° Pour ne pas rompre complètement toute relation commerciale avec les indigènes, des localités devraient être choisies pour des marchés qui se tiendraient alors sous la surveillance active d'un poste militaire.

6° Ce qu'il importe le plus pour la colonie et pour le gouvernement, c'est que armée et colons trouvent le plus tôt possible dans le pays conquis les moyens nécessaires à leur existence. S'il en était autrement, que deviendraient les habitans dans le cas où une guerre, éclatant en Europe, empêcherait, *pour six mois seulement*, toute communication par mer? Cette idée qui, plus qu'on ne le pense, est dans le cœur de l'armée et des colons, n'est pas une de celles qui préoccupent le moins l'esprit des Français qui sont en Algérie.

NOTICE HISTORIQUE

SUR

LES BEYS QUI ONT RÉGNÉ A CONSTANTINE

DEPUIS L'AN DE L'ÉGIRE 1123 (1710) JUSQU'EN 1253 (1837).

Bien des personnes qui connaissent l'ignorance des Arabes et leur indifférence à écrire les événemens qui se passent chez eux, nous demanderont à quelles sources nous avons puisé les documens historiques qu'on va lire; les voici : les habitans de Constantine diffèrent beaucoup, sous le rapport de l'instruction, de ceux d'Alger. Parmi eux il s'en trouve quelques uns qui ont une connaissance aussi parfaite de l'histoire de leur pays que le comporte leur mémoire; car la plupart des faits, n'étant pas écrits, se transmettent tout simplement par la tradition; mais l'Arabe étant naturellement enclin à l'exagération, il arrive souvent que les événemens, après avoir passé par plusieurs générations, finissent par être totalement transformés et paraissent incroyables par les circonstances presque surnaturelles dont il se plaît à les entourer. Secondé par M. Rousseau, interprète très versé dans la langue du pays, nous avons extrait nos documens de récits que nous ont faits quelques Arabes le plus haut placés et des plus instruits de Constantine, à la tête desquels nous placerons le grand Mufti (ou chef de la religion) ; en indiquant cette source, c'est la seule garantie que nous puissions et que nous voulions leur donner.

1. HASSEN (Bey-Ben-Komiah).

Nommé au beylicat l'an de l'égire 1123 (1710), a régné jusqu'en 1147 [(1734). Durée du règne, 24 ans. — Mort naturelle.

Homme d'une probité remarquable. Ses principes austères et généreux, sa dévotion et surtout les aumônes qu'il répandait, le firent longtemps regretter.

2. HASSEN (Pacha-Bouchnak).

Nommé au beylicat l'an de l'égire 1147 (1734), a régné jusqu'en 1165 (1752). Durée du règne, 18 ans. — Mort naturelle.

Les Arabes en disent beaucoup de bien ; il fit exécuter religieusement les institutions émanées de son prédécesseur, et comme lui il acquit des droits à la gratitude de ses co-religionnaires.

3. ZEIG-AÏNO (Yeux-Bleus).

Nommé au beylicat l'an de l'égire 1165 (1752), a régné jusqu'en 1184 (1771). Durée du règne, 17 ans.— Assassiné par les intrigues du bey de Tunis qu'il venait de destituer.

La guerre ayant éclaté entre Tunis et Constantine, en 1166, le bey Zeig-Aïno marcha avec une armée contre Tunis, dont il s'empara après un combat acharné qu'il eut à soutenir contre les troupes tunisiennes à quelques lieues de cette ville et après un siége de courte durée ; il y installa comme bey Sidi-Ali, père d'Achmet-Pacha. Il eut pour lieutenant ou califat Sala-Bey, lequel, vingt ans après, fut lui-même nommé bey.

4. ACHMET-BEY,

AÏEUL D'ADJI-ACHMET, DÉPOSSÉDÉ PAR LES FRANÇAIS EN 1837.

Nommé au beylicat l'an de l'égire 1168 (1755), a régné jusqu'en 1184 (1771). Durée du règne, 16 ans. — Mort naturelle.

Homme courageux et intrépide, il détruisit en plusieurs rencontres les divers partis que le bey de Tunis, détrôné par Zeig-Aïno, avait suscités contre lui. Il passe encore à Constantine pour un grand guerrier. La haute considération dont il avait joui durant un règne de seize années avait très favorablement disposé la population en faveur des siens. Son petit-fils Adji-Achmet, devenu bey cinquante-huit ans après, dut en grande partie son élévation à cette heureuse disposition que lui avait ménagée son grand-père.

5. IBRAHIM-BEY.

Nommé au beylicat l'an de l'égire 1184 (1771), a régné jusqu'en 1184 (1771).
Durée du règne, 15 jours. — Mort assassiné par les siens.

Homme ambitieux et ignorant, il ne fut pas plutôt nommé bey qu'il tomba sous les coups de ceux-là mêmes qu'il avait soldés pour renverser son prédécesseur.

6. SALA-BEY.

Nommé au beylicat l'an de l'égire 1184 (1771), a régné jusqu'en 1206 (1792).
Durée du règne, 22 ans. — Il fut pendu par ordre du dey d'Alger.

Pendant qu'il occupait le califat sous Zeig-Aïno, il conquit l'estime de tous les habitans, tant de la ville que de la campagne. Aussi sa nomination de bey fut-elle accueillie avec acclamation dans tout le pays. Son règne fut marqué par le rétablissement de la paix et de la tranquillité dans toute la province, par l'achèvement de plusieurs travaux publics et surtout par la reconstruction du pont (d'El-Cantara) sur le triple rang d'arcades appartenant à l'ancien pont romain qui traverse le Rumel, à trois cents mètres au-dessus du niveau de l'eau, et qu'il eut la douleur de ne pouvoir faire achever. Encore aujourd'hui dans toute la province de Constantine, on a la plus grande vénération pour la mémoire de ce bey. La confiance générale dont il jouissait le rendit suspect au dey d'Alger, qui le fit assassiner.

7. HUSSEIN-BEY,

FILS DE HASSAM, PACHA BOCHALY.

Nommé au beylicat l'an de l'égire 1206 (1792), a régné jusqu'en 1208 (1794). Durée du règne, 2 ans. — Assassiné par ordre du pacha d'Alger.

Homme faible et méchant qui, par ses exactions, se fit beaucoup d'ennemis dans les tribus des montagnes. Il eut cependant le bon esprit de faire terminer les travaux du pont que son prédécesseur avait poussés si activement.

8. MUSTAPHA-BEY-CASNADJI.

Nommé au beylicat l'an de l'égire 1208 (1794), a régné jusqu'en 1211 (1797). Durée du règne, 3 ans. — Assassiné par ordre du pacha d'Alger.

Homme très dévot et instruit ; comme il aimait beaucoup l'étude de la géographie, il recommandait aux enfans la lecture de l'histoire et des voyages. Il possédait une riche collection de manuscrits dont une grande partie passa dans les mains de Ben-Aïssa, lieutenant d'Achmet. Ces manuscrits, trouvés chez Ben-Aïssa en 1837, ont été réunis avec soin par M. Berbrugger, bibliothécaire à Alger, et transportés par lui à la bibliothèque de cette ville.

9. HADJI-MUSTAPHA-ENGLISH.

Nommé au beylicat l'an de l'égire 1211 (1797), a régné jusqu'en 1217 (1802). Durée du règne, 5 ans 4 mois. — Exilé par ordre du dey d'Alger, d'abord à Médéah et ensuite à Tunis, où il fut empoisonné.

Il fut surnommé English, parce qu'ayant été fait prisonnier sur un corsaire anglais, il était resté dix ou douze ans en Angleterre. Peu de temps après son retour de l'étranger, il fut nommé bey par le parti qui avait renversé Mustapha. Il aimait beaucoup les femmes, et ce fut afin de se livrer au libertinage le plus effréné, qu'il fit construire une jolie maison de campagne qu'on admire encore au milieu d'un des beaux jardins qui se trouvent sur la rive droite du Rumel, non loin de la fameuse cascade.

10. OSMAN-BEN-CAROULT.

Nommé au beylicat l'an de l'égire 1217 (1803), a régné jusqu'én 1218 (1804). Durée du règne, 1 an. — Massacré par les Kabaïles.

Peu de temps après sa nomination au beylicat, il marcha sur Oran avec une forte armée et l'enleva aux Espagnols. Revenu à Constantine, il eut également à châtier quelques tribus kabaïles voisines de Stora; mais son camp, placé sur les bords de la rivière Zokora, fut surpris une nuit par les Kabaïles, qui ne firent aucun quartier et massacrèrent impitoyablement le chef Osman. Il fut longtemps regretté du pays.

11. ABDALLAH-BEY.

Nommé au beylicat l'an de l'égire 1218 (1804), a régné jusqu'en 1220 (1806). Durée du règne, 2 ans 1/2. — Assassiné.

Homme adonné à la boisson et à la débauche. Il fut généralement détesté. C'est tout ce que les Arabes ont retenu de son règne.

12. HUSSEIN-BEY-BEN-SALAH.

Nommé au beylicat l'an de l'égire 1220 (1806), a régné jusqu'en 1221 (1807).
Durée du règne, 6 mois. — Assassiné par ordre du dey d'Alger.

Lieutenant de Zeïg-Aïno, il se distingua pendant la guerre que ce bey soutint contre la province de Tunis en 1166 (1752). Son courage et ses conseils surtout, qui étaient toujours bien accueillis, lui acquirent bientôt l'estime et la confiance de tous, et en particulier de son chef Zeïg-Aïno. Ce fut Hussein qui dirigea les opérations du siége contre la ville de Tunis ; elles furent couronnées d'un si beau succès. Ben-Salah était un homme dont la capacité et la justice administrative ont laissé de profonds souvenirs dans toute la province de Constantine. C'est, dit-on, à ses généreuses et rares qualités qu'il dut la défaveur du despote d'Alger, lequel par jalousie le fit assassiner.

13. ALI-BEY.

Nommé au beylicat l'an de l'égire 1221 (1807), a régné jusqu'en 1222 (1808).
Durée du règne, 1 an. — Assassiné par les siens.

Détesté des Turcs, ils l'assassinèrent au milieu d'une révolte suscitée par ses débordemens.

14. BEY-HAMET-CHAOUH.

Nommé au beylicat l'an de l'égire 1222 (1808), a régné jusqu'en 1222 (1808).
Durée du règne, 15 jours. — Assassiné par les siens.

Chef de la conspiration qui avait assassiné Ali-Bey, il devint lui-même la victime de son parti. Instruit du danger qu'il courait, il chercha à l'éviter en s'évadant de son palais par une ouverture qu'il eut le temps de faire pratiquer à un mur de derrière. Mais, découvert et atteint pendant sa fuite, il fut assassiné sur le bord du Rumel au moment où il commençait à traverser cette rivière, tout près de la cascade.

15. AHMET-BEY-TOUBIAT (Boiteux).

Nommé au beylicat l'an de l'égire 1222 (1808), a régné jusqu'en 1225 (1812).
Durée du règne, 3 ans. — Assassiné par ordre du dey d'Alger.

Homme ambitieux et très adroit, il supportait mal le joug du despote d'Alger. C'est dans la prévision d'une rupture avec lui, qu'il sut avec de l'argent se ménager de nombreux et puissans alliés du côté du désert. Mais le dey d'Alger, jaloux de l'influence qu'il exerçait sur ces contrées éloignées, le fit assassiner pendant que le bey se rendait à sa maison de campagne sur les bords du Rumel.

16. MOHAMMET-D'HAAMAN-BEY.

Nommé au beylicat l'an de l'égire 1225 (1812), a régné jusqu'en 1228 (1815).
Durée du règne, 3 ans 4 mois. — Assassiné par un de ses amis.

Ami du précédent, il fut élevé au beylicat contre la volonté du pacha d'Alger, par l'influence des Arabes de la montagne. Aussi put-il toujours compter sur la fidélité des tribus du désert. Mais le parti du dey d'Alger, qui ne pouvait lui pardonner l'affection dont il était l'objet, le déclara rebelle à la cité guerrière. Mohammet ne tarda

pas à être menacé de la même mort que son prédécesseur; prévenu par un de ses nombreux amis, il eut le
temps d'aller chercher un refuge parmi les tribus qui lui
étaient dévouées. Indigné de l'accueil rempli de bienveillance qu'il avait rencontré, le dey d'Alger jura de ne
lui accorder aucune trève; après trois ou quatre ans il
parvint enfin à le faire assassiner à Messila, près du désert d'Angad. Un marabout a été élevé à l'endroit même
où le meurtrier, un de ses amis, lui avait plongé le
yatagan dans le cœur. Pas un Arabe ne passe devant ce
monument funèbre sans faire une invocation au grand
Hallah en mémoire de cet homme de bien.

17. MOHAMMET-CHAGAR-BEY,

PÈRE DE LA FEMME DE BRAHAM-BEY.

Nommé au beylicat l'an de l'égire 1228 (1815), a régné jusqu'en 1231 (1817).
Durée du règne, 3 ans. — Asssassiné par ordre du dey d'Alger.

Homme instruit et courageux, mais maladroit en politique. Il se brouilla avec tous les chefs des tribus ainsi
qu'avec le dey d'Alger, qui le fit assassiner.

18. KARA-MUSTAPHA.

Nommé au beylicat l'an de l'égire 1231 (1817), a régné jusqu'en 1231 (1817).
Durée du règne, 30 jours. — Assassiné par les siens.

Il fut envoyé à Constantine par le dey d'Alger et assassiné par son ordre aussitôt son arrivée. Le dey le redou-
tait à cause de sa fortune et de l'influence que ses belles
qualités lui avaient méritée dans toute la Régence.

19. HAMEY (Bey el Mameluck).

Nommé au beylicat l'an de l'égire 1232 (1818), a régné jusqu'en 1232 (1818).
Durée du règne, 6 mois. — Destitué.

Homme instruit et courageux, il avait été mameluck
sous Hamout-Babach, bey de Tunis, qui avait en lui une
grande confiance. Devenu amoureux d'une femme du
bey, et son intrigue ayant été dénoncée, il dut, afin d'é-
chapper à une mort certaine, chercher un moyen de fuir.
Il s'habilla en femme bédouine, parvint sous ce déguise-
ment à sortir de la ville et prit aussitôt la route de Constantine. Arrivé à l'ancienne Cirta, il se présenta au califat
qui accepta avec d'autant plus d'empressement ses offres
de services que sa réputation de bravoure l'y avait déjà
précédé. Ses talens lui ayant acquis la considération générale, il devint successivement cadi-kaïd el beled, et
premier chaous. Dans un voyage qu'il fit à Alger pour
représenter la province de Constantine, il fut nommé bey
en remplacement de Kara-Mustapha qui venait d'être assassiné. Puis, ayant mécontenté le dey d'Alger en n'exé-
cutant pas un ordre qu'il en avait reçu, il fut destitué et
rappelé dans cette ville.

20. MOHAMET-BEY-MÉLIH,

DIT AZAZ ET BOUCHE-TABIA.

Nommé au beylicat l'an de l'égire 1232 (1818), a régné jusqu'en 1234 (1820).
Durée du règne, 2 ans. — Destitué.

Homme vieux, grossier et barbare, faisant peu de cas
de la vie des hommes, mais établissant une grande diffé-

rence dans le mode de supplice qui devait être infligé à chaque condamné. Ainsi, croyant que les Arabes n'é-taient pas dignes d'avoir la têtè tranchée avec le yatagan, il avait ordonné qu'on se servît pour eux d'une hache d'où lui est venu le nom de Bouche-Tabia. Devenu suspect au dey d'Alger, celui-ci le destitua et le retint prisonnier pendant un voyage que Mohamet dut faire à Alger pour lui offrir son tribut annuel. Revenu à Constantine durant le règne d'Achmet, il ne quitta cette ville que lors de la chute du bey en 1837. Il est actuellement oukil d'Abd-el-Kader.

21. IBRAHIM-BEY-GARBY

(EX-BEY DE MÉDÉAH).

Nommé au beylicat l'an de l'égire 1234 (1820), a régné jusqu'en 1235 (1821). Durée du règne, 1 an. — Assassiné par ordre du dey d'Alger.

Ayant dans maintes circonstances épousé chaudement la défense des intérêts du sultan d'Alger contre les tribus malveillantes qui refusaient de payer l'impôt ou achoure, il jouissait auprès de ce dey d'une si grande confiance, qu'elle lui valut plus tard la nomination de bey en remplacement de son prédécesseur, que le sultan d'Alger avait fait destituer. Mais la reconnaissance étant un sentiment qui s'éteint vite dans le cœur des Arabes, Ibrahim ne tarda pas à oublier le protecteur auquel il devait sa fortune et il se posa bientôt comme son ennemi. Ses coupables desseins furent démasqués et comme la vengeance de l'Arabe est aussi expéditive que sa reconnaissance est rare, Ibrahim ne tarda pas à devenir la victime de celui qu'il avait trahi.

22. ACHMET (Bey-Mameluck).

DEUXIÈME FOIS.

Nommé au beylicat l'an de l'égire 1235 (1821), a régné jusqu'en 1237 (1823),
Durée du règne, 2 ans 1/2. — Assassiné par les siens.

Grace à la sagesse qu'il avait déployée à l'époque de
la première partie de son règne qui avait duré deux ans,
Achmet-Mameluck avait de nombreux partisans, tant
dans la ville de Constantine que parmi les Arabes de la
campagne. Aussi son administration était-elle beaucoup
regrettée. A la mort de son prédécesseur une députation
de la ville partit pour Alger chargée de riches présens
afin de solliciter sa réélection. Le dey, soit qu'il fût séduit
par la munificence des présens, soit qu'il fût disposé à
commettre un acte de justice aussi louable qu'il était
rare, accueillit favorablement cette demande et pour la
deuxième fois Achmet-Mameluck fut nommé bey de Constantine au grand contentement de toute la province. Il
eut pour califat Adji-Achmet, qui fut bey cinq ans plus
tard. Celui-ci, dominé par l'ambition d'arriver au pouvoir,
ayant conspiré contre son chef avec l'intention de le chas-
ser, eut sa tête mise à prix par le bey Mameluck. Mais
Achmet, qui comptait déjà un grand parti dans la province, put se sauver pendant la nuit; il se rendit à Alger
où le dey, dont il s'attira la faveur par d'importans ca-
deaux, le compta bientôt au nombre de ses favoris. Tout
semblait cependant promettre au bey Mameluck une longue possession du pouvoir lorsqu'un Tunisien, que le
hasard amena à Constantine, le reconnut et le signala
comme chrétien. Il n'en fallut pas davantage pour rendre

le courage à ses ennemis qui réussirent à le faire assassiner dans son palais. Il était né à Porto-Ferrare, province de Livourne, et par conséquent d'un pays chrétien. (*Voir son premier règne*, n° 19.)

23. IBRAHIM-BEY.

Nommé au beylicat l'an de l'égire 1237 (1823), a régné jusqu'en 1240 (1824).
Durée du règne, 3 ans 8 mois. — Destitué.

Turc d'origine, Ibrahim-Bey, doué d'un esprit naturel et de sentimens généreux, fut assez adroit pour se faire un grand parti parmi les tribus du sud-est de Constantine et notamment celle des Haractads. Grand ami d'Adji-Achmet qui était à Alger, il entretenait avec lui de fréquentes relations pendant le règne du précédent ; nommé bey par l'influence des Arabes que soutenait près du dey d'Alger l'ancien califat Achmet, il fut bientôt détesté des siens et des Koulouglis qui, après deux ans de règne, réussirent à l'éloigner. Il était brave et soutint courageusement les différentes luttes que les Turcs lui suscitèrent tant à la ville qu'à la campagne ; nous le verrons bientôt jouer un rôle important pendant le règne d'Achmet ; après sa destitution il se réfugia au milieu de quelques tribus amies du côté de Tunis.

24. MOHAMMET-BEY-MAMANLI.

Nommé au beylicat l'an de l'égire 1240 (1824), a régné jusqu'en 1242 (1826).
Durée du règne, 2 ans. — Assassiné par ordre du dey d'Alger.

En apprenant la destitution d'Ibrahim-Bey, Achmet,

qui était toujours à Alger, ne manqua pas d'intriguer et de soulever en sa faveur le parti kabaïle en prodiguant l'or. Une lutte sanglante s'engagea à cette occasion entre ce parti et les Turcs ; mais ceux-ci, ayant eu le dessus, proclamèrent Mohammet, bey. Mohammet à peine nommé fit prendre et trancher la tête à plusieurs Kabaïles. Les plus influens, effrayés, quittèrent la ville pour se réfugier dans leur montagne afin de se soustraire à la vengeance que le parti turc fomentait depuis longtemps contre eux. Mohammet était un homme capable et instruit ; la justice qui présidait à tous les actes de son administration lui aurait acquis sans doute la confiance même du parti qui lui avait été le plus opposé, s'il n'eût eu pour ennemi et pour adversaire un homme aussi riche et aussi influent que Adji-Achmet ; lequel, à force d'intrigues, finit par le faire assassiner par ordre du dey d'Alger. D'autres versions prétendent qu'il aurait pu échapper à son assassin et qu'il se serait enfui du côté de Milianah. Mohammet était très vénéré comme marabout, mais il passait pour un faible politique.

25. ADJI-ACHMET-BEY.

Nommé au beylicat l'an de l'égire 1242 (1826), a régné jusqu'en 1253 (1837). Durée du règne, 11 ans. — Dépossédé par les Français en 1837.

Parti d'Alger peu de jours après les émissaires qui devaient assassiner Mamanli-Bey, il arriva à temps à Constantine pour se faire proclamer bey par le parti kabaïle, qui, cette fois, l'emporta sur les Turcs et les Koulouglis, lesquels, voyant leur cause perdue et craignant avec raison les représailles du parti opposé,

s'exilèrent de Constantine pour se réfugier à Bône, Alger
et Tunis; la plupart de ceux qui avaient espéré dans la
clémence du nouveau bey furent victimes de leur bonne
foi; car leur tête ne tarda pas à tomber en exécution des
ordres d'Adji-Achmet. Comprimés par la terreur et témoins des condamnations capitales que le bey ordonnait
sur de simples soupçons, les Turcs durent se résigner à
leur sort. Tous, à cette époque, eussent quitté Constantine
si des intérêts matériels ne les avaient attachés au sol de
cette province. Ils ne pouvaient d'ailleurs, quoique Turcs,
prévoir jusqu'où s'étendraient la barbarie et la cruauté
de ce nouveau tyran. Achmet ne s'est maintenu au pouvoir que par un régime permanent d'intimidation sur le
parti turc, le seul qu'il eût à redouter. Supposait-il qu'un
chef de tribus avait des relations avec les Turcs; le fer,
aussitôt levé, s'appesantissait sur sa tête; Turcs et Arabes
s'accordent à dire que plus de trois mille personnes ont
été sacrifiées durant les douze années de son règne aux
ombrageuses fantaisies de ce monstre. La grande influence
d'Adji-Achmet lui venait de sa mère qui appartenait à
une famille de marabout du côté du désert, la plus
riche et la plus puissante de cette contrée. Les Arabes
lui étaient tout dévoués ; c'est à cause de ce dévouement
et dans la crainte d'être assassiné par quelque Turc que,
pendant les deux siéges de Constantine par les Français,
Achmet avait abandonné la défense de la ville à un de
ses lieutenans pour prendre le commandement des cava-
liers arabes. On raconte à Constantine que dès sa naissance le parti turc, dans la prévision des dangers qui
pourraient résulter de son avènement au beylicat, osèrent
demander au dey d'Alger qu'il fût immolé ; mais sa mère
qui l'aimait passionnément, ayant été avertie de cette in-

fâme conspiration contre un être encore si inoffensif, enveloppa son enfant dans une peau de tigre, chargea ce précieux fardeau sur ses épaules, sortit un soir de Constantine par la porte d'El-Cantara et parvint ainsi à soustraire le jeune Achmet à la haine de ses ennemis. Plus tard, n'osant le confier à qui que ce soit, elle le transporta jusques dans son pays natal, éloigné de Constantine de plus de cinquante lieues. Achmet, élevé par sa mère au milieu des Kabaïles, ou d'Arabes, ne manqua pas d'être instruit de ce trait particulier de sa vie; aussi en conçut-il de bonne heure une haine implacable contre les hommes qui avaient résolu de le faire périr aussi cruellement. Cette circonstance, jointe aux autres moyens que sa mère sut mettre en œuvre, intéressèrent en faveur du jeune Achmet toutes les tribus environnantes. D'un autre côté, il est probable que les chefs avaient été mis, toujours par l'influence de sa mère, dans l'obligation de jurer plus d'une fois de venger son fils quand le temps serait venu. Comme tous les fils de marabouts qui veulent hériter du titre de leur père, Achmet entreprit le voyage de la Mecque et revint avec le surnom d'Adji ou Pèlerin. Ce fut peu de temps après son retour qu'il alla à Constantine avec sa mère et qu'il fut nommé califat du bey Mameluck en 1821.

Achmet-Bey n'est pas d'une haute stature; sa taille est au dessous de la moyenne, mais il est d'une constitution robuste; ses yeux sont petits et noirs, sa barbe noire et épaisse tombe ondoyante sur sa poitrine; cruel à l'excès il mettait une sorte de raffinerie à faire immoler en sa présence et souvent pendant ses repas ceux qu'il avait voués impitoyablement à la mort. Recherchant la volupté jusque dans les excès de la débauche la plus éhontée, une plume honnête ne saurait, sans se salir, reproduire les traits obscènes dont le bassin carré du palais et les chambres qui l'entourent ont été les tristes témoins ; la vie de Sardanapale ne pourrait soutenir le parallèle avec celle de Bey-Achmet ; comme il aimait également les femmes, l'argent et les chevaux, il y avait presque un égal danger pour les habitans à posséder l'un ou l'autre de ces objets. Il faisait saisir la nuit ceux dont il avait conjuré la perte, et après les avoir fait étrangler il s'appropriait avec cynisme leur femme ou leur argent, et faisait confisquer leurs biens. En exécration à tous, il a dû sa conservation au pouvoir, contre les réclamations générales, à un parti de séïdes qu'il entretenait auprès du dey d'Alger qu'il comblait de présens et à qui il payait régulièrement le tribut ; il agissait de même auprès du sultan à qui il envoyait, dans les momens dont il savait calculer l'opportunité, des gages plus ou moins précieux de sa sujétion. D'un orgueil qui passe toute expression, il portait la jalousie jusqu'à punir sévèrement celui de ses gens qui avait le bonheur de jouir d'une santé meilleure que la sienne, ou dont le courage avait mérité des éloges de la part des siens. Un fait bien authentique vient à l'appui de ce que nous avançons : à peine parvenu au beylicat il destitua le cheik de la ville de Bône et donna le commandement de ce poste important à Ibrahim, ex-bey de Constantine, qu'il rappela des tribus où il s'était réfugié, lors de sa chute en 1821. Les Arabes n'élevèrent aucun murmure ; mais les Turcs qui avaient protesté contre cette nomination furent proscrits pour ce fait et se réfugièrent dans la casbah de Bône. Ibrahim ayant su, par une politique adroite, fomenter des troubles au sein de la garnison de cette ville, il en devint maître presque sans coup férir. Ce fait d'armes, ayant été raconté avec enthousiasme par le parti Kabyle de la ville de Constantine, résonna mal à l'oreille inquiète de Bey-Achmet, qui, pour une action si glorieuse, n'osa pas destituer Ibrahim ; mais il fit courir le bruit qu'il ameutait la province contre lui et envoya aussitôt pour le combattre une armée sous les ordres d'Adji-Amar-Ben-Zacouta. Le siége de Bône fut commencé et dura trois mois sans résultat ; le bey, impatient de cette lenteur dont il imputait la faute à Ben-Zacouta, remplaça ce dernier par Sidi-Ali-Ben-Aïssa. Ce nouveau général eut recours à la ruse et parvint, à force d'argent, à séduire une partie de la population Kabyle qui se souleva contre Ibrahim ; puis les choses en cet état, il profita d'une nuit très obscure pour pratiquer un trou à la muraille de la ville et y entrer avec ses soldats. Malheureusement pour lui il ne put saisir Ibrahim qui, prévenu à temps, put se réfugier dans la casbah où il continua sa fuite en faisant cause commune avec les Turcs qui, la veille, étaient encore ses ennemis.

/ Pendant que ces événemens s'accomplissaient à terre, un officier de la marine française, qui commandait un bâtiment de guerre mouillé dans la rade de Bône, en fut instruit, et, par une adresse admirable, ayant su établir des relations avec Ben-Aïssa et Ibrahim, il parvint avec quelques hommes à prendre possession de la casbah. [Pour la première fois alors les couleurs nationales, flottant sur cette partie de la ville, annoncèrent à la province la domination française ; l'effet en fut prodigieux ! Les Bédoins qui avaient été victimes de plusieurs razzias que Ben-Aïssa avait fait exécuter pendant le blocus de cette ville, rassurés à la vue d'un pavillon autre que le sien, se prononcèrent vivement contre le lieutenant d'Achmet; tandis qu'Ibrahim, qui s'évada de la casbah à l'aide d'une corde, trouva chez eux une généreuse hospitalité. Ben-Aïssa, effrayé, prenant à peine le temps de rassembler son corps d'armée dont les Arabes désertaient en foule, se sauva en toute hâte vers Constantine. D'un autre côté, les Turcs, qu'on avait fait sortir de la casbah pendant la nuit afin de ménager l'entrée aux quelques matelots de la corvette française, furent bien surpris de ne plus trouver un seul combattant dans la ville de Bône que l'ennemi de Ben-Aïssa avait complètement abandonnée, et qui fût bien certainement demeurée au pouvoir d'Achmet, jusque là du moins, si le chef Ibrahim en eût conservé le commandement.

Quant à Bey-Achmet, tout le monde sait que depuis sa chute il habite la tribu où il compte de nombreux parens, du côté des Monts-Aurès, à cinquante lieues au sud de Constantine.

———

Ainsi, sur les derniers 25 beys qui ont régné à Constantine, 3 sont morts naturellement, 4 ont été destitués, et 18 *ont été assassinés!*... c'est-à-dire 72 pour 100. Un pareil résultat dépeint beaucoup mieux que tout ce que nous avons dit le caractère et les mœurs des habitans de l'ancienne Régence.